# ¡ABRE LOS OJOS Y APRENDE!

# El Alimento

**BLACKBIRCH®**
PRESS

**THOMSON**
**GALE**

San Diego • Detroit • New York • San Francisco • Cleveland
New Haven, Conn. • Waterville, Maine • London • Munich

**LIBRARY OF CONGRESS CATALOGING-IN-PUBLICATION DATA**

Nathan, Emma.
  [Food. Spanish]
  El alimento / Emma Nathan.
     p. cm. — (Eyeopeners series)
Includes index.
Summary: Introduces foods from different parts of the world, including sushi, sweet
dates, and olive oil.
  ISBN 1-41030-022-6 (hardback : alk. paper)
  1. Food—Juvenile literature. [1. Food. 2. Spanish language materials.] I. Title. II. Series:
Nathan, Emma. Eyeopeners series. Spanish.

TX355 .N36 2003
641.3—dc21                                                              2002152569

Printed in United States
10 9 8 7 6 5 4 3 2 1

# CONTENIDO

Marruecos  4-5
Corea del Norte y
    Corea del Sur  6-7
Estados Unidos  8-9
Japón  10-11
Egipto  12-13
México  14-15
China  16-17
República Dominicana  18-19
Grecia  20-21
Ecuador  22-23

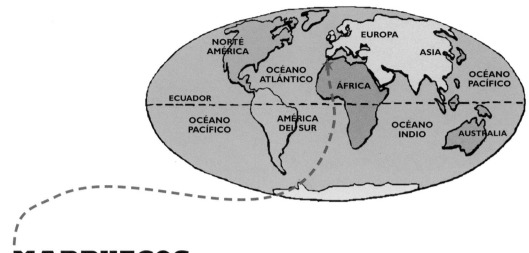

# MARRUECOS

Marruecos está en el Contienente Africano.

Muchas tradiciones de Marruecos provienen del mundo árabe.

Los marroquíes hacen un pan especial llamado ksra (KISS-rah).

El ksra es un pan plano. Está condimentado con anís, que le da su sabor peculiar.

El ksra se acostumbra comer caliente.

◀ Hombre con ksra

# COREA DEL NORTE Y COREA DEL SUR

Corea del Norte y Corea del Sur son parte de Asia.

Los dos países están en una larga península que se extiende fuera de China dentro del Mar de Japón.

La mayor parte de la península son bosques y cordilleras montañosas. Hay poco terreno disponible para la agricultura.

El alimento principal de Corea es el pescado.

Calamares y camarones secos son bocadillos populares. El alga marina se añade a las sopas para darles sabor.

◀ **Pescado preservado en un mercado de Corea**

7

# ESTADOS UNIDOS

Estados Unidos está en el Continente Norteamericano.

La población de Estados Unidos tiene abundancia de inmigrantes de muchos países diferentes.

Inmigrantes son las personas que se mudan a un nuevo país.

Muchos alimentos populares norteamericanos provienen de recetas tradicionales de Europa y Asia.

La pizza es uno de los alimentos más populares en Estados Unidos.

Inmigrantes italianos trajeron recetas de pizza a Estados Unidos.

◀ **La pizza es un alimento popular en Estados Unidos.**

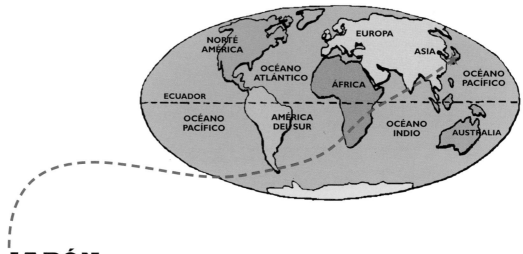

# JAPÓN

Japón es una isla de Asia.

El océano la rodea por completo.

Hay muy poco terreno agrícola en Japón.

La pesca es la fuente principal de alimento en Japón.

Hay muchas recetas diferentes para cocinar pescado en Japón.

Sushi es una de las especies más famosas de alimentos. Se prepara con pescado fresco y arroz.

◀ **Se prepara sushi con pescado fresco.**

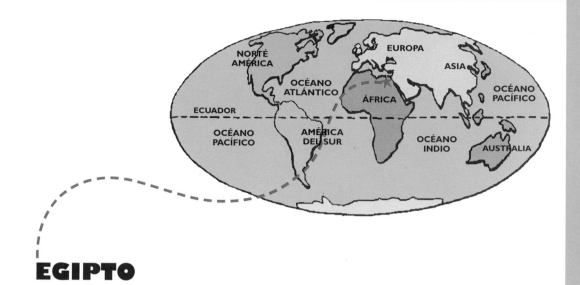

# EGIPTO

Egipto es parte del Continente Africano.

Gran parte del territorio egipcio es desierto. Bien poco puede cultivarse ahí.

Las palmeras de dátiles crecen bien en Egipto.

Dátiles dulces son uno de los postres más populares de Egipto.

◀ Dátiles preservados y otras frutas en un mercado egipto.

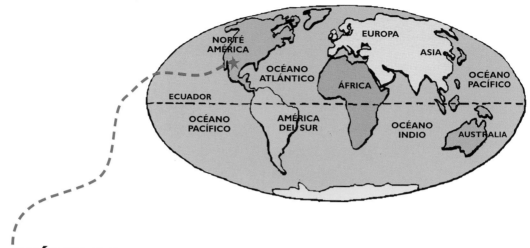

# MÉXICO

México está en el Continente Norteamericano.

Un antiguo pueblo de México son los llamados Aztecas.

Los Aztecas cultivaban granos de cacao y hacían chocolate desde hace miles de años.

Hoy, los granos de cacao siguen siendo una cosecha importante en México.

Muchas recetas tradicionales para pollo y otros alimentos todavía usan chocolate en la salsa.

◀ **Granos de cacao**

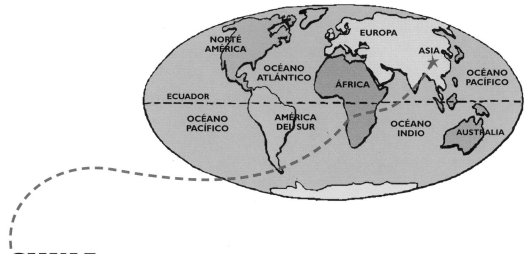

# CHINA

China está en el Continente Asiático.

La bebida tradicional de China es té.

La mayoría de los chinos beben té varias veces al día.

En China, hay muchas clases diferentes de té.

Entre los tés más populares están el té verde, el té negro y el té de jazmín.

◀ **Cosechando el té en China**

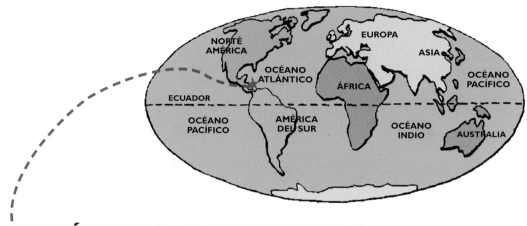

# REPÚBLICA DOMINICANA

La República Dominicana es parte de Norteamérica.

Comparte la isla de La Española con la nación de Haití.

La República Dominicana está en la zona cálida del Caribe.

Frutas y verduras tropicales se dan bien en clima cálido y húmedo.

19 especies de mango se cultivan en la República Dominicana. Piña, plátano y naranja también se dan bien ahí.

◀ **Muchas frutas crecen en la República Dominicana.**

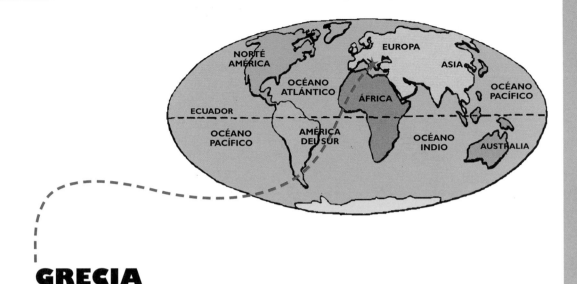

# GRECIA

Grecia está en el Continente Europeo.

Gran parte de Grecia es terreno seco y ondulante.

Los olivos crecen bien en tierras secas y ondulantes.

El aceite de oliva se usa en muchas recetas griegas tradicionales.

Muchos productos griegos horneados tradicionales usan aceite de oliva en lugar de mantequilla.

◀ Olivias griegas en el mercado

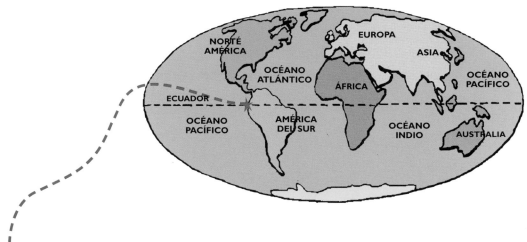

The map shows:
NORTE AMÉRICA, EUROPA, ASIA, OCÉANO ATLÁNTICO, ÁFRICA, OCÉANO PACÍFICO, ECUADOR, OCÉANO PACÍFICO, AMÉRICA DEL SUR, OCÉANO INDIO, AUSTRALIA

# ECUADOR

Ecuador es parte del Contienente Sudamericano.

Es un pequeño país situado exactamente sobre el Ecuador.

En Ecuador se cultivan muchas especies diferentes de verduras.

Los centros de la palmera son una verdura popular de Ecuador.

El espárrago es la cosecha más importante en Ecuador.

◀ Un mercado al aire libre en Ecuador

# ÍNDICE

**A**ceite de olivia, 21
África, 5, 13
Asia, 7-11, 17
Aztecas, 15

**C**hocolate, 15

**D**átiles, 13

**E**spárrago, 23

**I**nmigrantes, 9

**K**sra, 5

**M**ango 19
Mar de Japón, 7
Mundo árabe, 5

**N**orteamérica, 9, 15, 19

**O**céano pacífico, 11

**P**escado, 7, 11
Pizza, 9

**S**udamérica, 23
Sushi, 11

**T**é, 17

# PARA MÁS INFORMACIÓN

**Direcciones en la red**

**Una gira culinaria del mundo**
*http://www.gumbopages.com/world-food.html*

**Comida de todo el mundo**
*http://www.factmonster.com/ipka/A0768663.html*

**Página de recursos de comida**
*http://www.orst.edu/food-resource/food.html*